4 poemas de LORCA y un viaje a Nueva York

versos y trazos
EDITORIAL

versos y trazos
EDITORIAL

1ª edición: Noviembre de 2005
2ª edición: Junio de 2007

© De los poemas: Herederos de García Lorca
© De las ilustraciones: José Aguilar
© Del texto "Viaje a Nueva York": José Aguilar

© Atalante SL
 Plaza del Tossal, 3, 1, 46001 Valencia
 Telf. +34 617 207 437
        +34 962 061 121
 www.versosytrazos.com
 E-mail:literaria@versosytrazos.com

ISBN: 978-84-934160-3-4
Depósito legal: BI-1885-07
Imprime: GRAFO, S.A.

IMPRESO EN ESPAÑA*UNIÓN EUROPEA

4 poemas de LORCA y Un viaje a Nueva York

Poemas de Federico García Lorca
Texto e Ilustraciones de José Aguilar

versos y trazos
EDITORIAL

Federico
y el DUENDE

Pequeña biografía de un poeta con duende...

Federico García Lorca nace un 5 de junio de 1898 en Fuente Vaqueros (Granada).

Con 10 años ya toca el piano, una vocación que le acompañará siempre.

Es un ser excepcional, sensible e inspirado. Posee lo que los amantes del flamenco llaman "duende", una magia especial que le permite conectar y seducir a todos los públicos con su arte.

En 1918 publica su primer libro, "Impresiones y Paisajes", dedicado a su maestro de música, Don Antonio Segura Mesa, al profesor Martín Domínguez Berrueta y a sus compañeros de viajes universitarios.

Federico quiere hacer llegar el teatro a las gentes más humildes y en 1932 funda el Teatro Universitario **"La Barraca"**.

Recorre los pueblos de España representando obras del teatro clásico español.

Se convierte en un gran autor teatral con obras tan representativas como **"Yerma"**, **"Bodas de sangre"** o **"La casa de Bernarda Alba"**.

Su primer viaje importante es el que realiza a Madrid, donde se hospedará en la Residencia de Estudiantes, teniendo como compañeros y amigos a artistas como **Dalí** o **Buñuel.**

Más tarde y con la inquietud de aprender inglés, viaja a Nueva York, pasando antes por París y Londres. De vuelta a España, hace escala en La Habana. En 1933, llega a Buenos Aires para estrenar su obra teatral "Bodas de Sangre" y allí conoce al poeta **Pablo Neruda**.

De su viaje a la "gran manzana", quedó uno de los libros de poemas más célebres y valorados: **"Poeta en Nueva York".**

La luna de un 19 de agosto de 1936 contempla entristecida a **Federico García Lorca**, que tras despedirse del duende se adentra en la noche para no volver jamás.

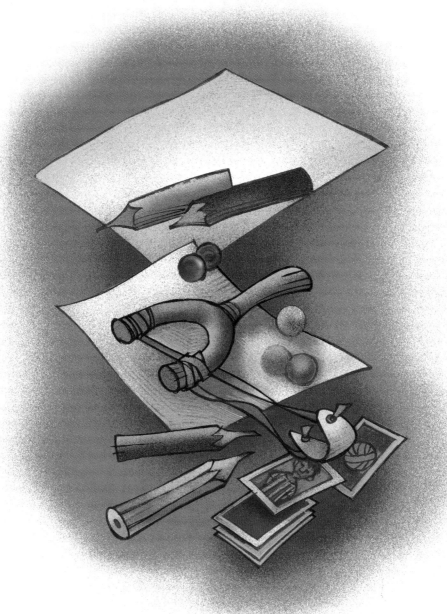

ESCUELA

Maestro
¿Qué doncella se casa
con el viento?

Niño
La doncella de todos
los deseos.

Maestro
¿Qué le regala
el viento?

Niño
Remolinos de oro
y mapas superpuestos.

Maestro
¿Ella le ofrece algo?

Niño
Su corazón abierto.

Maestro
Decid como se llama.

Niño
Su nombre es un secreto.

(La ventana
del colegio
tiene una cortina
de luceros).

do-re-mi

do-re-mi, do-re-fa

do-re-mi, do-re-fa

memento

aire de llano

La luna ya se ha muerto
do-re-mi
la vamos a enterrar
do-re-fa
en una rosa blanca
do-re-mi
con tallo de cristal
do-re-fa.
Bajó hasta la chopera
do-re-mi

se enredó en el zarzal
do- re-fa.
¡Me alegro porque era
do-re-mi
presumida de más!
do-re-fa.
No hubo para ella nunca
do-re-mi
marido ni galán
do-re-fa.
¡Cómo se pondrá el cielo!
do-re-mi.
¡Ay cómo se pondrá!
do-re-fa
cuando llegue la noche
do-re-mi
y no la vea el mar
do-re-fa.

¡Acudid al entierro!
do-re-mi
cantando el pío pa
do-re-fa.
Se ha muerto la Mambruna
do-re-mi
de la cara estelar
do-re-fa.
¡Campanas de las torres
do-re-mi
doblar que te doblar!
do-re-fa.
Culebras de las fuentes
do-re-mi
¡cantar que te cantar!
do-re-fa.

EL LAGARTO ESTÁ LLORANDO

A Mademoiselle Teresita Guillén
tocando un piano de seis notas

El lagarto está llorando.
La lagarta está llorando.

El lagarto y la lagarta
con delantaritos blancos.

Han perdido sin querer
su anillo de desposados.

¡Ay, su anillito de plomo,
ay, su anillito plomado!

Un cielo grande y sin gente
monta en su globo a los pájaros.

El sol, capitán redondo,
lleva un chaleco de raso.

¡Miradlos qué viejos son!
¡Qué viejos son los lagartos!

¡Ay cómo lloran y lloran,
¡ay! ¡ay! ¡cómo están llorando!

cúco. cuco. cucó
A Enríque Díez-Canedo y a Teresa

El cuco divide la noche
con sus bolitas de cobre.

4 – 4,15 – 4,30 – 4,45 – 5 – 5,15

El cuco no tiene pico,
tiene dos labios de niño
que sílban desde los siglos.

¡Gato,
esconde tu rabo!

El cuco va sobre el Tiempo
flotando como un velero
y múltiple como un eco.

¡Urraca,
esconde tu pata!

Frente al cuco está la esfinge,
el símbolo de los cisnes
y la niña que no ríe.

¡Zorra,
esconde tu cola!

Un día se irá en el viento
el último pensamiento
y el penúltimo deseo.

¡Grillo,
vete bajo el pino!

Sólo el cuco quedará
partiendo la eternidad
con bolitas de cristal.

Un viaje a Nueva York

Poeta en
Nueva York

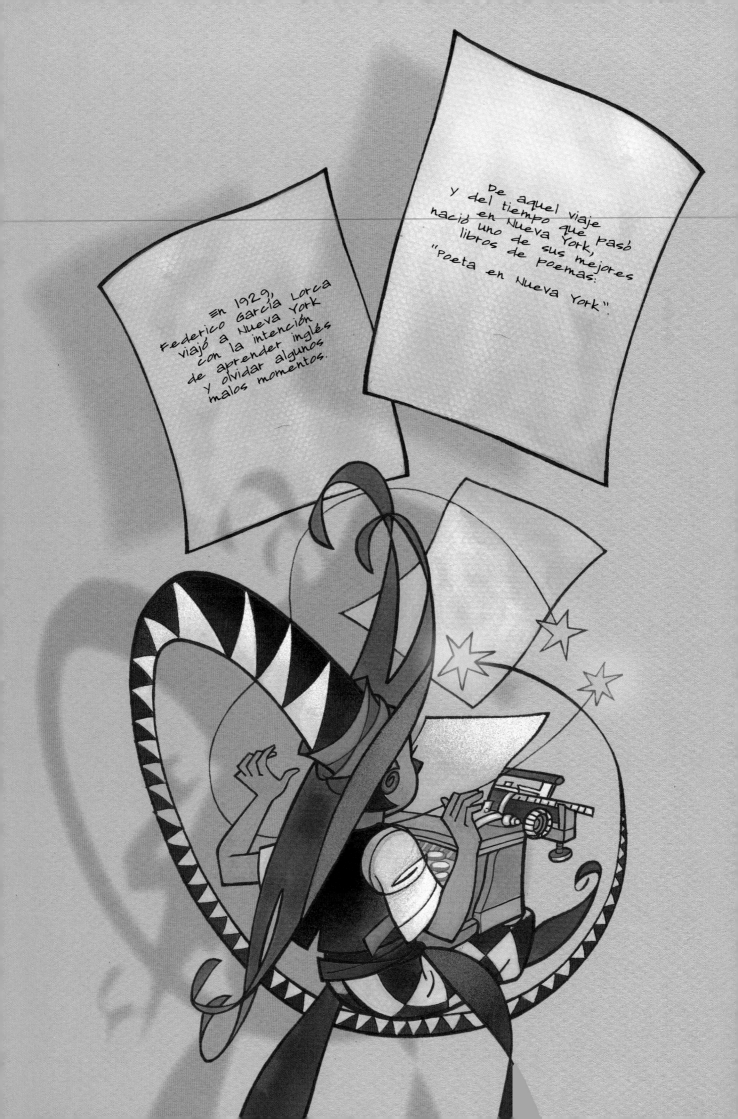

En 1929,
Federico García Lorca
viajó a Nueva York
con la intención
de aprender inglés
y olvidar algunos
malos momentos.

De aquel viaje
y del tiempo que pasó
en Nueva York,
nació uno de sus mejores
libros de poemas:
"Poeta en Nueva York".

La estrella de
Walt Whitman
alumbra
la travesía.

La luna, escondida tras una antorcha saluda a Federico como a un viejo conocido.

Federico, asombrado, abre sus negros ojos de poeta, al bajar del barco: "Aquí todo el mundo habla inglés".

El duende se diluye entre la multitud, se pierde en el caos de la gran ciudad...

La ciudad es un laberinto
para el duende.

Un paisaje de gigantes
donde Federico se pierde.

Un viaje a Nueva York

Una música nueva: el jazz, le lleva más allá del cemento, del acero y de la frialdad de los rascacielos.

Federico adivina
el duende
en esos ritmos,
y escribe sin parar,
mientras siente
como cada día
le pesa más
el gris
de Nueva York.

versos y trazos

EDITORIAL

Este libro
se terminó de imprimir
en los Talleres de Grafo, S.A.,
en el mes de junio
de 2007.